当てはまるオノマトペは、すべてこの本にのっているよ！

ヒント 大きないびきの音やよくねむっているようす。

ヒント 表面がなめらかでよくすべるようす。

ヒント 同じ調子で、遠くまで歩きつづけるようす。

ヒント はさみなどで、ものを軽やかに切る音や、そのようす。

答え

①	②	③	④	⑤	⑥	⑦

オノマトペ

めざせ！ことば名人

使い方90連発！

5

監修 森山卓郎（早稲田大学教授）
まんがイラスト みずうちさとみ

オノマトペってどんなもの？

「オノマトペ」は、「擬音語（擬声語）」と「擬態語」をまとめていうことばです。

「擬音語（擬声語）」とは、何かの音やいきものの鳴き声を、まねてつくったことば。たとえば、たたく音の「どんどん」や「こんこん」、風がふく音の「びゅうびゅう」、犬の鳴き声の「わんわん」のようなことばです。

「擬態語」とは、人の気持ちや、人やもののようすを、感覚的にそれらしい音で表したことば。落ちこんでいるようすをいう「がっかり」や、食べるようすの「ぱくぱく」、光るようすの「きらきら」などのことばです。

オノマトペを使うと、ものごとのようすをわかりやすく表現することができます。また、ドアをたたく「こんこん」、雪がふる「こんこん」などのように、同じオノマトペでも複数のようすを表すことが多くあります。オノマトペは、さまざまなようすを表すことができる便利なことばです。日本語にはとくにその数が多いといわれ、この本ではその一部を紹介しています。

擬音語
このキャベツはにこんでスープにしよう
ざく
ざく
擬態語
オレのとびきりのギャグが通じないなんてな…
うちの妹には心底がっかりだぜ
がっかり
職員室
こんこん
失礼します
赤ちゃんのほっぺってすべすべでかわいい♡
すべ
すべ

この本の使い方

この本では、近いようすを表すオノマトペのそれぞれの意味や使い方を紹介しているよ。

どんなようすを表すときに使えるオノマトペかがわかるよ。

オノマトペの使い方がまんがでわかるよ。この本では、このまんがやミニストーリーなどを合わせて九十以上の使い方の例を紹介しているよ。

ふたつのオノマトペの使いわけを考えるクイズだよ。

わらっているよ

どんなふうに？

にこにこ

使い方まんが あいさつ

にこ にこ

校長先生 おはよう ございまーす

朝、学校についたら、校長先生に元気よくあいさつをした。校長先生は、うれしそうににこにこわらっていらっしゃった。

意味

うれしそうに、笑顔でいるようす。

声を出さずに、顔の表情だけでわらいつづけているようすです。楽しくてほほえんでしまうときや、友だちに会ってうれしくて手をふるときなどに「にこにこする」ことが多いでしょう。わらう時間が短いときは「にこり」などを使います。

似ているオノマトペ

にこっ　声を出さずに、一瞬わらうようす。

にかっ　声を出さずに、歯を見せてわらうようす。

10

1 どんな顔？ どんな気持ち？

げらげら

使い方まんが ギャグの動画

げら げら

この芸人さんのギャグ いつ見ても サイコー！

おわらい番組を見ていたら、大すきな芸人さんが出てきた。ギャグがおもしろくて、ついげらげらわらってしまった。

意味

大きな声でわらうようすや、その声のこと。

まわりを気にしないで、大きな声を出してわらっているようすを表します。とてもおかしくて大わらいしているときに使いますが、「そんなにげらげらわらったら気の毒だ」のように、えんりょなくわらうことを表すこともあります。

似ているオノマトペ

けらけら　高い声で、楽しそうにわらうようす。子どもたちがふざけあってわらっているときなどに使う。

クイズ！

□に入るのは、にこにこ、げらげらのどちら？

おばあちゃんはいつも□やさしい笑顔でほっとする

答えは123ページ

11

オノマトペの意味だよ。

オノマトペの由来や使い方の注意点などを解説しているよ。

オノマトペを使った文章の例だよ。

似た意味のオノマトペや、反対の意味のオノマトペを紹介しているよ。

「オノマトペカード」を作ってみよう！

この本で知ったオノマトペの意味や使い方をカードにまとめてみよう。カードのひな形がこの本のさいごにあるよ。書き方は76ページを参考にしよう。

オノマトペ

ぱくぱく

意味

大きな口を開けて、おいしそうに次々食べるようす。

使い方

「おいしいね」と言いながら、お父さんじまんの手作りカレーを、妹といっしょにぱくぱく食べた。

もくじ

2 どんなふうに行動している？

3 どんな感じ？ どんなようす？

この本の登場人物

この本の四人の登場人物を紹介するよ！

ミオ

鉄道がすき。休みの日はたいてい兄といっしょに電車に乗りに出かける。ラーメンを食べ歩くのもしゅみのひとつ。

リョウ

おわらい芸人をめざしている。小学生のうちにギャグを100個つくることが目標。だけど、妹は冷たい目で見ている。

カイ

読書がすきな、かんげきやさん。よく空想にひたっている。おかしは食べるのも作るのも大すき。ねこを3匹飼っている。

サアヤ

おしゃれがすきで、流行にもびんかん。ダンスを習っていて、いとことチームをつくっている。しんせきに赤ちゃんが生まれた。

1 どんな顔？どんな気持ち？

にこにこ、げらげら……
わらい方にもいろいろあるね。
オノマトペを使いこなせば、
表情や気持ちまで表現できるよ。

どんなふうに？

にこにこ

使い方まんが　あいさつ

朝、学校についたら、校長先生に元気よくあいさつをした。校長先生は、うれしそうににこにこわらっていらっしゃった。

意味

うれしそうに、笑顔でいるようす。

声を出さずに、顔の表情だけでわらいつづけているようすです。楽しくてほほえんでしまうときや、友だちに会ってうれしくて手をふるときなどに「にこにこする」ことが多いでしょう。わらう時間が短いときは「にこり」などを使います。

似ているオノマトペ

にこっ
声を出さずに、一瞬わらうようす。

にかっ
声を出さずに、歯を見せてわらうようす。

げらげら

使い方まんが　ギャグの動画

おわらい番組を見ていたら、大すきな芸人さんが出てきた。ギャグがおもしろくて、ついげらげらわらってしまった。

意味

大きな声でわらうようすや、その声のこと。

まわりを気にしないで、大きな声を出してわらっているようすを表します。とてもおかしくて大わらいしているときに使いますが、「そんなにげらげらわらったら気の毒だ」のように、えんりょなくわらうようすを表すこともあります。

似ているオノマトペ

けらけら

高い声で、楽しそうにわらうようす。子どもたちがふざけあってわらっているときなどに使う。

クイズ！

□に入るのは、にこにこ、げらげらのどちら？

おばあちゃんはいつも□とやさしくわらっている

答えは123ページ

まだまだある!

わらいの表現

「にこにこ」や「げらげら」の他にも、わらい方を表すオノマトペはたくさんあるよ。どんなちがいがあるか見てみよう!

にたり

声を立てずに、うすきみ悪い笑顔を一瞬うかべるようす。

えへへ

てれや、はずかしさを、ごまかすようなわらい方。

にやにや

冷ややかに、意味ありげにうすわらいをうかべるようす。

くすくす

声を出さないように、ひそやかにわらう声。またはそのようす。

ふふふ

息をもらしてわらう声。おさえていたわらいが思わず出たときや、ふくみわらいのようす。

がはは

大きく口を開けてわらう声。開けっぴろげにわらうようす。

へらへら

不まじめな態度で、あいまいに軽々しい感じでわらうようす。

けたけた

ゆかいそうにわらうときの、かん高い声やそのようす。

いひひ

気まずさやはずかしさ、いやらしさなどをふくんで、かん高くわらう声やそのようす。

ぷっ

思わずふき出してわらうときの声。口先をすぼめていきおいよく息を出すときの音。

えーん

使い方まんが　くやしい！

ダンスコンテストで、あと少しのところで優勝をのがしてしまった。くやしくて声をあげて「えーん」と泣いてしまった。

意味

うったえるように大きな声で泣くようすやその声のこと。

まわりのことを気にせずに、大きな声を出して小さな子どものように泣くようすです。だれかが声をかけてくれたり、なぐさめてくれたりすることを期待しているような泣き方です。泣くときに出る声も表します。

似ているオノマトペ

えんえん
声を出して泣きつづけるようすやその声。

わーん
とても大きな声で泣くようすやその声。

しくしく

使い方まんが　そんなぁ…

鉄道ファンに人気のある、とっきゅう列車がはいしになると知った。わたしも乗ったことがあるので、悲しくてしくしく泣いてしまった。

意味

悲し気になみだを流して泣くようす。

声を出さないように、たえるように泣いているようすを表します。悲しい気持ちをおさえられず、なみだを流しながら泣きつづけるようすです。気持ちがしずんでいて弱々しく、力ないようすを表します。

似ているオノマトペ

さめざめ

なみだをたくさん流しながら、静かに泣きつづけるようす。

クイズ！

□に入るのは、**えーん**、**しくしく**のどちら？

転んだ友だちが大きな声で□と泣いている

答えは123ページ

おこっているよ

どんなふうに？

ぷんぷん

使い方まんが お父さんにはわからない

娘にどっちのかみかざりにするか相談された。どちらもかわらないと言ったら、見る目がないと娘はぷんぷんおこってしまった。

意味

思い通りにいかず、ふきげんなようす。

自分の思った通りにならないことがあり、それがゆるせずはらを立てている、きげんの悪さを表に出しているようすです。口をとがらせて、文句を言いながらおこるようなときに使われます。

似ているオノマトペ

ぶすっ
きげんが悪く、ほおをふくらまして、ふくれっ面をしているようす。

ぷりぷり
→18ページ

かんかん

使い方まんが ● とうとう、どなられた！

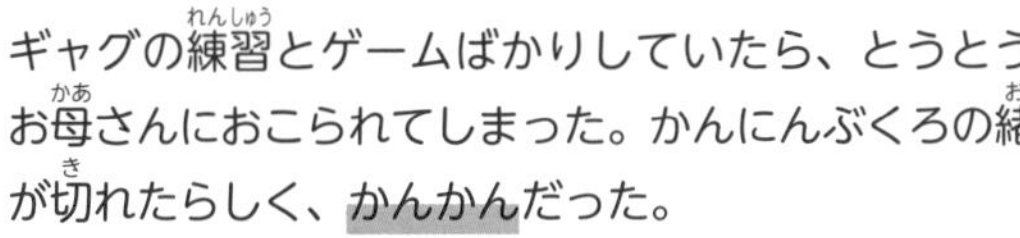
ギャグの練習とゲームばかりしていたら、とうとうお母さんにおこられてしまった。かんにんぶくろの緒が切れたらしく、かんかんだった。

意味

ゆるしてくれそうもないほど、はげしくおこっているようす。

はげしくおこって頭に血がのぼっているようすを表します。禁じていたことをやられたときや、たえていたけれど、とうとうがまんできずにおこったときなどのようすを表します。なだめるのがたいへんなほどのいかりです。

似ているオノマトペ

かっか
いかりで、体が熱くなるほどこうふんしているようす。

？クイズ！

遊びに行けなくなった弟は□むくれている

□に入るのは、**ぷんぷん**、**かんかん**のどちら？

答えは123ページ

まだまだある！

いかりの表現

「ぷんぷん」や「かんかん」の他にも、おこっているようすを表すオノマトペがあるよ。どんなちがいがあるか見てみよう！

ぷりぷり

ほおをふくらませて、ふまんやいかりをあらわにするようす。

がみがみ

やかましく、しかったり文句を言いたてたりしているようす。

かりかり

いらだって、気持ちが落ち着かないようす。

かちん

相手のことばや態度が心にするどくひびいて、ふゆかいなようす。

いらいら

あせったり、思うようにならなかったりして、気持ちが高ぶっているようす。

むかむか

いかりが、体のおくからこみあげてくるようす。

むしゃくしゃ

はらがたって、気持ちがみだれているようす。

むっつり

ふきげんなようすで、おしだまっていること。

つんけん

きげんが悪く、ことばや態度にとげがあり、冷たいようす。

ぷいっ

ふきげんに顔をそむけたり、とつぜん立ち去ってしまうようす。

ショックをうけたよ

どんなふうに?

がーん

使い方まんが 妹は正直!?

妹にギャグを聞いてもらったら「ぜんぜんおもしろくない!」と言われた。がーん! そんなにはっきり言わなくてもいいだろう。

意味

思いがけないことにしょうげきを受けているようす。

まんがの中で使われて広まったといわれます。まさかというような、考えもしないことがおきて、おどろいたり、ひどくどうようしたりしたときに、頭の中で鳴りひびく音です。

似ているオノマトペ

ぎょっ
とつぜん心に強いしょうげきを受け、おどろくようす。

ぐさっ
一瞬、思いがけず心がきずつくようす。

使い方まんが　やばい！ばれた!?

お母さんがドーナツがへっていると言う。こっそり食べたのがばれてしまったかと、どきっとした。

どきっ

意味

急なおどろきやおそれ、よろこびなどで、むねが高鳴るようす。

心臓の鼓動を「どきどき」と表現します。おどろいて、心臓が強く一度うつようすをいったのが「どきっ」です。悲しいおどろきにも、うれしいおどろきにも、またきゅうにあせったり、おびえたりするときにも使います。

似ているオノマトペ

ぎくっ
一瞬、強くおどろくようす。とくに、こわがったりおびえたりしたときに使う。

？クイズ！

□に入るのは、がーん、どきっのどちら？

弱点を言い当てられて□とした

答えは123ページ

どんなふうに？

もんもん

使い方まんが　あやまりたい

友だちにあやまりたいけど、ゆるしてもらえるだろうか……もんもんと、考えれば考えるほど、心配になってしまった。

意味

心の中で、もだえるほど思いなやんでいるようす。

漢字では「悶悶」と書きます。「悶」の訓読みは「もだえる（悶える）」です。「もんもんと夜を過ごす」などのように、人に相談せずに、ひとりで思わずもだえるほどなやむようすを表現します。

似ているオノマトペ

うつうつ

気持ちがふさいで、心が晴れないようす。漢字で書くと「鬱鬱」。

くよくよ

使い方まんが　あのとき…

あのときターンをちゃんと決めてたら…
くよくよ
いつまでもくよくよしない！次がんばりましょ

ダンスコンクールのあと、あのときああすれば……などとくやんでいたら、チームメイトが「くよくよしない！」と元気づけてくれた。

意味

終わってしまったことを、いつまでも気にしているようす。

自分がしてしまったことを、いつまでもなげいたり、後悔したりするようすを表します。ささいななやみに使います。「くよ」は「くいる（後悔する）」の古い言い方「くゆ」に由来するともいわれます。

反対の意味のオノマトペ

けろり
何ごともなかったように、平然としているようす。

さばさば
こだわりがないようす。いやなことがすみ、すっきりすること。

？クイズ！

すぎたことを□となやんでもしかたない

□に入るのは、もんもん、くよくよのどちら？

答えは123ページ

オノマトペ ミニストーリー 1

心がはずむ誕生日

オノマトペがたくさん出てくるお話だよ。

今日はぼくの誕生日だ！　友だちをよんで、誕生日パーティーを開くことにした。当然ケーキはぼくの手作り。もうじゅんびはできている。そろそろみんなが来るころだ。**そわそわ**と、何度も時計を見てしまう。

そのとき、**ぴんぽん**！　とチャイムの音。

「来たー！」

歌いたくなっちゃうような**るんるん**気分でドアを開くと、ミオ、サアヤ、リョウの三人が、そろって顔を出した。みんな、プレゼントらしきものを持っていて、つい目がいってしまう。

「誕生日おめでとう！」

「ありがとう！」

リビングに案内したら、さっそくミオがプレゼントをくれた。きれいなつつみを見ただけで、むねが**きゅん**となるのは、ぼくだけ？

中身は……、ええっ!?　ラーメン用のどんぶりだ！　旅先で買ってきてくれたんだって。めずらしいオレンジ色のもよう。これで食べるラーメンは、

出てくるオノマトペ

そわそわ
→35ページ

ぴんぽん
げんかんのチャイムなど、よび出し音が鳴る音。

るんるん
歌いたくなるような、楽しい気分であるようす。

きゅん
感動してむねがしめつけられるような感じ。

わくわく
期待でむねが高鳴るようす。

おいしいだろうなあ。楽しみで**わくわく**がおさえられない。

　リョウは何かな？　自分のおわらい動画だったらどうしよう……。ちがった！　悪いけど**ほっ**とする。ぼくの好きなアニメのカードだ、やった！

　最後にサアヤから。大きいぞ。わあ、ねこ用のクッションだ！　うちのねこたち、気に入りそう。

「みんな、ありがとう！　お返しに、ぼくの手作りケーキを食べてね」

　ぼくは**うきうき**、ケーキを冷蔵庫から出してくる。よし、上手に切れた。おかしは見た目も大事だからね。お皿にのせて、さあ、めし上がれ。

「これ、カイが作ったの!?　すごい！」

「お店のケーキみたい！」

「うわあ、なんておいしいの！」

　どれも最高のほめことばだ。うれしくて、胸が**じーん**とする。

「毎月、誕生日があるといいなあ」

　ぼくが言うと、

「それじゃ、カイだけどんどん年とっていっちゃうじゃない」

とサアヤ。**あはは**！　みんな大わらいだ。

　来月はサアヤの誕生日。うでによりをかけて、おいしいケーキを作って持っていこう。きんちょうしてしっぱいしないといいな。みんなまた、おいしいって言ってくれるかな？　今から**どきどき**しちゃうな。

ほっ
安心して、ため息をつくようす。

うきうき
うれしくて、心がはずむようす。

じーん
体のおくから感動がわきあがってくるようす。

あはは
大きく口を開けてわらう声。そのようす。

どきどき
気持ちが高まって、心臓が早くうつ音。そのようす。

うれしいと
むねが高鳴るね。
楽しい時間に使える
オノマトペはいろ
いろあるんだ

落ちこんでいるよ

しょんぼり

どんなふうに?

使い方まんが リョウの野望

友だちが「今日も世界をすくうことができなかった」と、しょんぼりしていた。何の話をしているのかわからなかった。

意味

元気がなく、さびしそうにうなだれているようす。

力なく、みじめなようすになることを「しょぼくれる」といいます。「しょんぼり」は、しょぼくれて、さびしそうにしおれたようすを表します。しっぱいしたり、なやんでいたりして、いきいきできない心の状態を表現しています。

似ているオノマトペ

しゅん
元気がなくなり、うなだれているようす。

しょぼん
力をなくし、落ちこんでいるようす。

がっかり

使い方まんが 理解されない…

いくらギャグを見せても、妹は「おもしろくない」と言う。おれのとびきりのギャグがわからないなんて、心の底からがっかりだ。

意味

のぞんでいたけっかを得られず、気持ちが落ちこんだようす。

当てにしていたものがなくなったり、期待していたことがかなわなかったりしたときに使うことばです。それまで高まっていた気持ちが急に落ちこみ、力がぬけ、気力をなくしてしまったようすを表します。

似ているオノマトペ

がっくり

望みを失い、気持ちが一気にゆるんで、うなだれるようす。

?クイズ！

□に入るのは、しょんぼり、がっかりのどちら？

期待をうらぎられて□した

答えは123ページ

はらはら

使い方まんが だいじょうぶ!?

はら はら
あんな高い橋をわたるの!?
落ちないか心配だよ～

とても高いところにかかる、つり橋をわたる人を見つけたよ。落ちたらどうするんだろうと、わたり終わるまで、はらはらしながら見守った。

意味

あぶない状況などが気になって心配するようす。

自分のことではなく、ほかの人の行動を心配するときによく使います。どうなるか気になってしかたない状態を表します。「はらはらどきどき」と、気持ちが高まったときの心臓の鼓動を表す「どきどき」とつづけて使うこともあります。

似ているオノマトペ

ひやひや

あぶないことや悪いことが起きないかと心配して、気が気でないようす。

他にもある！

はらはらが表すようす

「はらはら」は、他にもこんなようすを表すよ。

軽いものがつづけてしずかに落ちていくようす

花びらや葉が、散らばってまい落ちていくようすに使います。ふり始めの雨や雪、静かに流れるなみだを表すこともあります。

さくらの花びらがはらはらと散っている。

長いかみがみだれるようす

「おくれ毛が、はらはらとみだれる」など、長いかみの毛がみだれるようすを表します。

花びらを取ろうとかみをほどいたら、はらはらとみだれた。

ちくちく

使い方まんが 葉っぱ

先のとがった葉がうでにあたって、ちくちくした。

とがったもので、つづけてさされるようすや、そのようないたみを感じるようす。

はりのように細くとがったものでくり返しさされるような、何度もつづく、あさいわずかないたみを表します。セーターなど服の刺激を表すのにも使われます。相手の心にはりをさしつづけるように、いやみを言うようすをいうこともあります。

似ているオノマトペ

きりきり
するどくさすようないたみがつづくようす。胃やはらのいたみによく使われる。

ずきずき

使い方まんが　足をひねった！

ダンスの練習をしていたら、足をひねって転んでしまった。足首がずきずきといたむよ。

意味

脈うつようないたみがたえまなくつづくようす。

手首などにふれると、脈を感じます。この脈のリズムに合わせるかのように、強くひびくようないたみを、深いところから感じていることを表します。頭や歯、ねんざなどのいたみを表現するときによく使われます。

似ているオノマトペ

じんじん
しびれるようにひびくいたみが、たえまなくつづくようす。

？クイズ！

□に入るのは、**ちくちく**、**ずきずき**のどちら？

奥歯が□とひびくようにいたむ

答えは123ページ

あんぐり

どんなふうに？

使い方まんが　高くてびっくり！

鉄道のもけいの値段がおどろくほど高かった。びっくりしすぎて、あんぐりとしてしまった。

意味

おどろいたり、あきれたりして、大きく口が開き、そのままになるようす。

思いもかけないことを聞いたり見たりしたとき、思わず大きく口を開けてぼうぜんとしてしまうことがありますよね。そんなようすを表す表現です。とくに、おどろきあきれたときに使います。

似ているオノマトペ

ぽかん

おどろいて、口を大きく開けたままぼんやりするようす。

きょとん

使い方まんが ● それで終わり？

友だちのギャグを聞いたけど、意味がわからなくて、きょとんとしてしまった。

意味

あっけにとられて気がぬけて、目を見開いているようす。

状況や相手の言っていることが理解できないなどの理由で、どうしたらいいか反応できずに、ただ目を見開いてぼんやりするようすです。「あんぐり」のように口を大きく開けてはいません。

似ているオノマトペ

ぱちくり

おどろいたり、あきれたりしたときに、何度もまばたきするようす。

？クイズ！

□に入るのは、ぽかん、きょとんのどちら？

友だちの大きすぎるべんとうを見て、□と口が開いてしまった

答えは123ページ

落ち着かないよ

どんなふうに？

もじもじ

使い方まんが なかなか言えない…

ダンスの練習中に友だちが話しかけてきた。何か言いたそうだけど、もじもじしてはっきりしない。何が言いたいかわからない。

意味

遠慮やはずかしさなどから落ち着かず、はっきりしない態度をとる。

「こんなことしていいのかな？」「言っていいのかな？」と、行動や発言をためらったり、決心がつかないでいるようす、そのときのはっきりしない動きを表現しています。自信のなさや、気の弱さをふくんで使われることもあります。

似ているオノマトペ

うじうじ

ものごとを決定できず、ためらうようす。

まごまご

どうしたらいいかわからず、困るようす。

そわそわ

使い方まんが　期待でいっぱい

自分が公開したギャグ動画が、たくさん再生された。そろそろ芸能界からスカウトが来るかもと、そわそわしてしまう。

意味

期待や不安で、気持ちや態度が落ち着かないようす。

何か気になることがあり、気持ちがうわついていて、そのけっか、態度も落ち着きがなくなっている状態を表します。楽しみで落ち着かないときにも、不安で落ち着かないときにも使える表現です。

似ているオノマトペ

うずうず
何かをしたくて、いてもたってもいられないようす。

やきもき
あれこれ考えて、気をもんでいるようす。

？クイズ！
□に入るのは、**もじもじ**、**そわそわ**のどちら？

なかなか言い出せなくて□してしまった

答えは123ページ

正しい使い方はどっち？

それぞれのオノマトペの使い方が正しいほうを選ぼう。

答えは124ページ

がーん

ア

がーん！
さとうと塩を
まちがえて
入れちゃった…

イ

お姉ちゃんは、
なくしたと思っ
ていたさいふを
見つけて**がーん**
としている

答え【　】

がらがら

ア

大きくふくらん
だパンを買ったら、
中が**がらがら**
だった

イ

人気の店なのに、
めずらしく
がらがらだった

答え【　】

ぴったり

ア

約束の時間**ぴったり**に、げんかんのチャイムが鳴った

イ

二時から四時までの間に、**ぴったり**つく予定だ

答え［　　］

ぶらぶら

ア

つりばしをわたったら、**ぶらぶら**ゆれて、こわかった

イ

用事が早く終わったので、**ぶらぶら**と歩いて帰った

答え［　　］

どんな鳴き声？

世界のオノマトペ

同じ動物の鳴き声でも、国によって表し方がちがうよ。にわとりと犬の鳴き声を表す、いろいろな国のオノマトペを紹介するよ！

にわとりの鳴き声

日本語
こけこっこー

英語
カッカドゥドゥルドゥ

フランス語
コッコリコー

中国語
コーコーコーコー

スペイン語
キキリキー

タイ語
エークィーエークエーク

韓国語
コキオ

ロシア語
クカレク

犬の鳴き声

日本語
わんわん

英語
バウワウ

フランス語
ワフワフ

中国語
ワンワン

スペイン語
グァウグァウ

タイ語
ホンホン

韓国語
モンモン

ロシア語
ガフガフ

声に出して読んでみよう！

2 どんなふうに行動している？

歩き方や話し方、
食べ方、たたき方……。
オノマトペを使って
きみの動作をもっと表現しよう。

歩いているよ

どんなふうに？

てくてく

意味

同じ調子で、遠くまで歩きつづけるようす。

「バスには乗らずに、駅までてくてく歩いていった」というように、あるていどのきょりを、同じくらいの速さでひたすら歩きつづけるときに使います。乗りものに乗らずに、遠くの目的地まで歩いていくようすです。

使い方まんが　ラーメンのためならどこまでも

兄との鉄道の旅はしゅみのひとつ。旅先ではいつもラーメンを食べるのが楽しみで、駅から遠くても、てくてく歩いていくんだ。

似ているオノマトペ

とことこ
小さな歩幅で、軽やかに歩くようすや、その音。

すたすた

使い方まんが　やめてほしい

妹に新作ギャグを見せたかったのに「はずかしいからやめて」と、すたすた行ってしまった。

意味

わき目もふらず、足早に歩いていくようす。

軽い足どりで歩いていくようすです。とにかく前へ進もうとしていて、まわりのことは気にとめずに、急いで歩いていく感じがある表現です。「ふり返らず、すたすたと行ってしまった」というように使います。

似ているオノマトペ

ずんずん
↓42ページ

つかつか
↓42ページ

クイズ！

□に入るのは、てくてく、すたすたのどちら？

目的の店は少し遠いけど、□歩いていくよ

答えは123ページ

まだまだある！

歩くときの表現

「てくてく」や「すたすた」の他にも、歩いているようすを表すオノマトペがあるよ。どんなちがいがあるか見てみよう！

ずんずん

わき目もふらず、力強く進むようす。遠慮なく目的地に向かう感じ。

つかつか

人前などに、ためらわず進み出るようす。

たったっ

リズムよく足早に歩いていくようす。

うろうろ

目的なく歩き回るようす。同じ場所を行ったり来たりするようす。

ぱたぱた

いきおいよく、軽い音をたてて歩くようす。

よちよち

短い歩幅で、たよりなく歩くようす。赤ちゃんの歩き方を「よちよち歩き」という。

どたどた

あらあらしく、重い足音をたてて歩くようす。

とぼとぼ

元気なく、さびしそうに、小またで歩いているようす。

よたよた

足に力が入らず、たよりなく歩くようす。

のしのし

重く力強い足音をたてて、一歩一歩、ゆっくり歩くようす。

見ているよ

どんなふうに？

じろじろ

使い方まんが そんなに見ないで！

汽車の模型をもって電車に乗っていたら、となりの人からじろじろ見られた。もしや、模型をねらっているのかと心配になった。

意味

遠慮なく、しつこく見るようす。

気づかいしないで、人を観察するように見たり、目線を動かしながら何度も見たりするようすを表します。「そんなにじろじろ見ないでほしい」などのように、失礼な態度だとして使われることが多いことばです。

似ているオノマトペ

しげしげ
近くから注意深く、念入りに見るようす。

じっ
目をそらさず、見つめるようす。

ちらちら

使い方まんが　なんとテストが！

今日はやけに視線を感じるなぁ…
なんだかオレ、注目されてる？
ちら
ちら

みんなからちらちら見られて、注目されていると思ったら、なんとランドセルから、0点のテストが顔を出していた！　はずかしい〜。

意味

①遠慮しながら、とぎれとぎれに何度も見るようす。②ものが見えかくれするようす。

目のはしで、何度も見るようすです。気になる人やものを、遠慮気味に見るときに使います。少し見て、目をそらして、また少し見ることをくり返すようすを表しています。ものが少しだけ見えかくれするようすも表します。

似ているオノマトペ

ちらっ
ほんの少し、見たり聞いたりするようす。

？クイズ！

□に入るのは、じろじろ、ちらちらのどちら？

横目で□ようすをうかがう

答えは123ページ

ぺらぺら

どんなふうに?

意味

①軽い調子でよく話すようす。
②外国語などを上手に話すようす。

調子よく、次から次へとたくさんしゃべるようすを表します。話が上手というより、よく考えずに軽々しく話す感じを表現します。また、外国語を上手に話したり、得意なことや好きなことをよどみなく話したりするようすにも使います。

使い方まんが　大すきだから止まらない

友だちがすきな鉄道の話を始めたら、ぺらぺらしゃべりつづけて止まらなくなってしまった。

似ているオノマトペ

すらすら ↓48ページ

べらべら ↓48ページ

ひそひそ

うわさ話をする

使い方まんが　えっ、本人!?

あれアイドルのユウくんじゃない？
ひそ
このへんに住んでるのかな？
ひそ

友だちと歩いてたら、ぐうぜんアイドルを見かけた。「本人かな!?」と、思わずひそひそ話してしまった。

意味

まわりに聞こえないように話す小さな声や、そのようす。

かくしごとやうわさ話など、人に聞かれたくないことを、小声でこっそり、相手にだけ話すようすを表します。「ひそかに」ということばもあり、これも人に知られないようにこっそりと、という意味です。

似ているオノマトペ

こそこそ

↓49ページ

クイズ！

□に入るのは、ぺらぺら、ひそひそのどちら？

□とうわさ話をする

答えは123ページ

まだまだある!

話し方の表現

「ぺらぺら」や「ひそひそ」の他にも、話しているようすを表すオノマトペがあるよ。どんなちがいがあるか見てみよう!

すらすら

つっかえずに、なめらかに話しつづけるようす。

はきはき

ことばの発音や声が明確で、はっきりと話すようす。

べらべら

止まることなく、うるさいくらいにいきおいよく話すようす。

ぺちゃくちゃ

何人かで、夢中で話してるようす。うるさいくらいにもり上がっている感じ。

ぶつぶつ

聞き取れないくらいの小さな声で、何かを言っているようす。ひとりごとや、ふまんを言いつづけることもいう。

ぶうぶう
文句やふまんをいうようす。

くどくど
しつこくくりかえして話すようす。

こそこそ

まわりに聞こえないように、小さな声で話すようすや、その声。ないしょ話をするようすによく使う。

ぼそぼそ

聞き取れないような低く小さな声で、口を大きく開けずにつぶやくように話すようす。

ごにょごにょ

ことばがはっきり聞き取れない話し声や、口ごもって話すようす。言いにくいことを話すようすや、耳元でささやくようすにも使われる。

どんなふうに？

ぴょんぴょん

使い方まんが シュークリーム

今日のおやつはぼくの大すきなシュークリーム。うれしくて、ぴょんぴょんとびはねた。

意味

くりかえしとびはねたり、とびこえたりするようす。

身軽に、くり返しとびはねるようすを表します。うさぎが走りとぶようすにしばしば使われるように、地面に接している時間の短い、す早いジャンプの表現です。うきうきと楽しい気持ちでとびはねるようすをいうこともあります。

似ているオノマトペ

ぴょい

身軽に動いたり、とび上がったりするようす。

ぴょこぴょこ

使い方まんが かわいいジャンプ

かえるがたくさんいるのを見つけた。ぴょこぴょことびはねるすがたがかわいかった。

意味

何度もつづけて、小さくはずむように動くようす。

つづいて動いたり、はねたり、あらわれたりするようすを表します。かわいらしくはずむような動きが伝わる表現です。「ぴょんぴょん」よりも低く小さなジャンプに使われることが多い表現です。

似ているオノマトペ

ぴょこん
はずみをつけて、一度だけ動くようす。

?クイズ!

うさぎのように□とびはねる

□に入るのは、**ぴょんぴょん**、**ぴょこぴょこ**のどちら?

答えは123ページ

ぐうぐう

使い方まんが 先生の目の前で

授業中、友だちがぐうぐういびきをかいて寝てしまった。先生が「だれか起こしてくれる」とあきれて言った。

意味

大きないびきの音やよくねむっているようす。

いびきの音を表すオノマトペですが、本当にいびきをかいていなくても、すっかり寝入っている状態を表すときに使います。ちょっとつついたくらいでは起きそうにないくらい、深いねむり方を表します。

似ているオノマトペ

ぐうすか
よくねむっているようすや、いびきの音。

ぐっすり
とても深くねむっているようす。

すやすや

使い方まんが　いい夢を見てるかな？

妹がすやすやと気持ちよさそうに寝ている。どんな夢を見ているのかな。

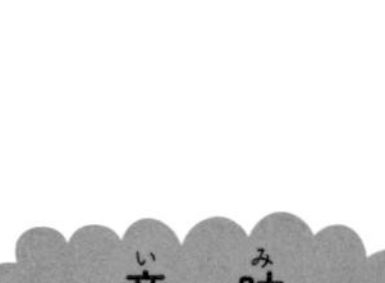

意味

気持ちよさそうに、静かにねむっているようすや、寝息の音。

「すやすや」は静かな寝息の音を表しますが、寝息は聞こえなくても、「赤ちゃんがすやすやねむっている」のように、安らかな寝顔でねむっているようすを表すときに使われます。

似ているオノマトペ

すうすう
きそく的な小さい寝息の音や、静かに寝ているようす。

クイズ！

□に入るのは、**ぐうぐう**、**すやすや**のどちら？

こねこが□と幸せそうに寝ている

答えは123ページ

オノマトペ ミニストーリー 2

こわ〜いお化けやしき

オノマトペがたくさん出てくるお話だよ。

町内にお化けやしきができたというので、四人はようすを見に来てみた。子どもだましだと聞いていたのに、思ったより、本格的……。

「いそがしいから、ぼくは入らないよ」

と、リョウ。ミオとカイも、**がたがた**ふるえながらうなずいている。

「まったくもう、みんなこわがりなんだから。ほかのお客さんも今いないし、わたしひとりで入るね」

そう言って、サアヤが入り口に足をふみ入れる。そのとき、**ぬっ**とあらわれたのは、大きな目玉がひとつついた、かさのおばけだ。

「きゃー！」

サアヤはたまらずさけんだ。のびてくる舌をかわしながら、目についた部屋の中に走りこむ。古そうな和室で、ふすまと土かべにかこまれている。

ひゅーというぶきみな音に、寒気を感じて背中が**ぞくぞく**する。

そのときだ。やぶれたふすまのあなから、**ひょっこり**女の人が顔を出した。その顔が、急にせまってくるではないか。なんと首が長くのびている。

出てくるオノマトペ

がたがた
こわさや寒さで、歯の根が合わず、はげしくふるえるようす。

ぬっ
音もなく、とつぜんあらわれるようす。

ひゅー
強く風がふく音や、ものがはげしく空気を切って動く音。

ぞくぞく
こわさや気味悪さなどで、体の毛が逆立つような感じがする。うれしくてこうふんしたときや、寒いときにも使う。

ろくろ首だ。

「ぎょえー！」

出さないつもりなのに、大声が出てしまう。あわてて別のふすまを開けて出る。そこは長いろうかだった。どっちへ行けばいいの？　立ち止まると、自分のひざが**がくがく**しているのがわかる。

なんだか、上のほうから生あたたかい風を感じる。サアヤは思わず首をすくめる。**びくびく**しながら見上げてびっくり！　白い布のようなものが飛び回っている。一反もめんだ！

もう、何も見ずに走る。とにかくお化けやしきは出よう。そう思ったところで、**がしゃん**と何かにぶつかった。がいこつだ。こちらを見つめている……。サアヤの体は**わなわな**とふるえる。

サアヤが出てきたのは、十分くらいしてからだった。

「あとから来たお客のさけび声がすごかったわ」

と水を飲んでいる表情からは、お化けやしきがこわかったのかどうか、読み取れない。

「もしかして、見かけほどこわくない？　おれたちも入ってみようぜ」

リョウが入り口に向かって歩き出すので、ミオとカイもあとにつづく。

三人の大きな悲鳴が聞こえてきたのは、そのあとすぐだった。

ひょっこり
思いがけないところから、急に出てくるようす。

がくがく
体の一部が強くふるえつづけているようす。

びくびく
こわさや心配で、おびえているようす。

がしゃん
かたいものがぶつかったときの重い音。

わなわな
寒さやこわさ、いかりなどでこきざみに強くふるえるようす。

体がふるえるようすにもいろいろあるね

ぱくぱく

どんなふうに？

使い方まんが 駅弁最高！

名物の駅弁がとてもおいしかった。兄と、あっという間にぱくぱく食べてしまった。

意味

大きな口を開けて、おいしそうに次々食べるようす。

口を大きく開けてひと口食べるようすを「ぱくっ」と表します。「ぱくぱく」はひと口では止まらず、口を何度も開けしめして、次々と食べものを入れるようすです。食欲があって、いきおいよくたくさん食べているようすが伝わります。

似ているオノマトペ

ばくばく
遠慮なく、夢中になって大きな口で食べているようす。

もぐもぐ

使い方まんが　読書のおとも

本を読みながらおやつを食べた。本に夢中になって、おやつをもぐもぐ食べつづけてしまった。

意味

食べものをたっぷり口に入れ、何回もかんでいるようす。

口を大きく開けずに、食べものをかんでいるようすです。口にものをほおばり、話をせずに口を動かしている状態を表します。すぐには飲みこまず、口の中で何度もかんで食べているときに使われる表現です。

似ているオノマトペ

むしゃむしゃ
まわりを気にせず、ほおばるように口をよく動かして食べているようす。

？クイズ！

□に入るのは、ぱくぱく、もぐもぐのどちら？

おいしくて□と口に入れた

答えは123ページ

飲んでいるよ

どんなふうに？

がぶがぶ

使い方まんが のどからから

暑い日に歩いて帰ったら、のどがからから。水をがぶかぶ飲まずにいられなかった。

意味

むさぼるように飲みものをたくさん飲むようすや、その音。

たくさんの量の飲みものを、いきおいよく飲むようすや、その音を表します。大量の飲みものを一気に飲まずにはいられないほど、のどがかわいていたことを想像させる表現です。あらあらしくたくさんつづけて飲むことを「がぶ飲み」といいます。

似ているオノマトペ

ぐびぐび
おいしそうに、息もつかずにのむようす。

ごくごく

使い方まんが ふろ上がりの楽しみ

ふろから出たら、コーヒー牛乳をごくごく飲むのがぼくの日課だ。

意味

のどを鳴らしながらいきおいよく飲むようすと、その音。

たっぷりの水を飲みこむとき、のどが「ごくん」と鳴りますね。そんなふうにのどを鳴らしながら、ひと口ではすまずに、飲みつづけるようすを表します。「ごくんごくん」といっても同じようすを表します。

似ているオノマトペ

こくこく
気持ちよく、軽くのどを鳴らして一気に飲むときの音やそのようす。

？クイズ！

□に入るのは、がぶがぶ、ごくごくのどちら？

父が牛乳を□のどを鳴らしながら飲んでいる

答えは123ページ

ちょきちょき

使い方まんが　イメージチェンジ

長かったかみを短く切ることにした。美容師さんがちょきちょきとかみの毛を切っていくようすを、きんちょうしながら見つめていた。

意味

はさみなどで、ものを軽やかに切る音や、そのようす。

はさみの先のほうを使い、こきざみに軽く動かして、かみの毛や紙などを切っているようすを表します。また、そのときの軽快な音も表します。「じょきじょき」というと、もう少しざつに切り進めるようすを表します。

似ているオノマトペ

ちょきん
はさみなどで、ものを一度切るようすや、そのときの音。

ざくざく

使い方まんが キャベツのスープ

夕ごはんにキャベツのスープを作ることにした。歯ごたえを楽しめるように、キャベツはざくざくとあらく切ったよ。

意味

あらく切ったり、ふみつけたりする音や、そのようす。

はさみやほうちょうなどで、力を入れて、あらく切る音を「ざっくり」と表現します。この切り方を何回かくり返すようすが、「ざくざく」です。切ったとき音が鳴るような、かたさのあるものを切ったり、ふんだりしたときのようすです。

似ているオノマトペ

さくさく
→66ページ

クイズ!

□に入るのはちょきちょき、ざくざくのどちら?

ほうちょうで野菜を□切る

答えは123ページ

たたいているよ

どんなふうに？

とんとん

使い方まんが 肩たたき

おじいちゃんの肩をとんとんたたいてあげたら、とてもよろこんでくれた。いつも遊んでくれるおじいちゃんへの恩返しだ。

意味

何度もつづけて軽くたたく音。またそのようす。

肩たたきなどのように、やさしい力かげんで軽くつづけてたたく音や、そのようすを表します。友だちに声をかけようと、肩をたたく音にも使われます。手の平のように広い面でたたくときにはあまり使いません。

似ているオノマトペ

ぽんぽん

つづけて軽くたたいたり、打ったり、はれつしたりする音。またそのようす。

どんどん

使い方まんが　そろそろ限界

トイレに行きたいのに、妹が使っていて入れない。限界が近づいてきて、思わずトイレのドアをどんどんたたいてしまった。

意味

何度もつづけて強くたたく音。またそのようす。

「とんとん」と同じように、ものをつづけてたたくときに使いますが、たいこをたたくように強い力でたたくようすを表します。人に何かを知らせたり、気づいてもらおうとたたくときは、「どんどん」と力いっぱいたたきますね。

似ているオノマトペ

ばんばん

手の平などの平たいもので、強い力でつづけざまにたたく音。またそのようす。

？クイズ！

小さい子がだだをこねて足を□とふみ鳴らした

□に入るのは、**とんとん、どんどん**のどちら？

答えは123ページ

こんこん

意味

かたいものを軽くたたいたときの音。

「どんどん」よりも弱い力で、かたいものをつづけてたたく音です。とくにドアをノックする音によく使われます。広い面でたたくときには使いません。

似ているオノマトペ

かんかん
石や金属など、かたいものがつづけてぶつかって出る高い音。

使い方まんが ノック

職員室に入るときは、ドアをノックするのがマナーだ。こんこんとドアをたたき、「失礼します」と言ってから入ろう。

他にもある！ こんこんが表すようす

「こんこん」は、他にもこんなようすを表すよ。

軽くせきをする音

こんこんとせきが出る。かぜをひいちゃったかな？

かぜをひいたときなどに出る、かわいたせきの音です。軽くせきこんでいるようすを表します。強くせきこむようすには「ごほごほ」を使います。

雪やあられがゆっくりとたくさんふるようす

雪がこんこんとふってきた。今日は休んで正解だ。

とくに雪がたくさんふっているときに使います。大つぶの雪がさかんにふって、つもっていくようすを表します。

たくさんあるね！

料理や食べもののオノマトペ

料理を食べるときや作るときの表現には、いろいろなオノマトペが使われるよ。みんなも言ったことがあるかもしれないね。

どんな歯ごたえ？

もちもち

心地いいねばり気と、押し返すようなやわらかさがあるようす。

かりかり

かたいものを、つづけてリズムよくかむ軽い音。歯切れがいいようす。

さくさく

野菜など、うすくてやややかたいものを、つづけて軽くかんだり切ったりするときの音。

かりっ

かたいものを一度、かみくだく音。

しゃきしゃき

歯切れよくかむ音や、そのようす。みずみずしさを感じる表現で、新鮮な野菜などをかむ音によく使われる。

どんな味？

あっさり

味つけがひかえめで、油っぽくないこと。

さっぱり

しつこさがなくさわやかであること。レモンなどのすっぱさのあるものに使われることが多い。

こってり

油っぽく、味やうまみが、しつこいくらいこいようす。

ぴりっ

一瞬感じる、強いからみ。

どんな舌ざわり？

しゅわしゅわ

たんさんなどの液体の泡がつづけて泡立つ音や、そのようす。

もったり

なめらかなねばり気や重みがあるようす。生クリームやたまごなどを泡立てたときのようすによく使われる。

ぷるぷる

はずむようにやわらかいようす。そういったものが、こきざみにゆれるようす。

にる

ぐつぐつ

強い火力でにているときの音や、そのようす。にたって、ふっとうがつづいているようす。

ぐらぐら

湯などの液体がはげしくにたっている音や、そのようす。

ことこと

弱い火力でにているときの音や、そのようす。静かににつづけているようす。

あげる

ぱちぱち

油や水分がつづけてはねる音や、そのようす。

からっ

しめり気がなく、気持ちよくかわいているようす。あげものがおいしそうにあがっているようす。

やく

じゅうじゅう

ものがやけたり、水分が蒸発したりするときに出る音や、そのようす。

じりじり

肉や魚のあぶらなどが、少しずつやけるときに出る音。

できあがりのようすは？

とろとろ

たらすと少し時間をかけて流れおちるような、とろみのあるようす。

こんがり

こうばしくやけて、やき色がほどよくついているようす。

ゆれているよ

どんなふうに？

ゆらゆら

使い方まんが　夢の中で…

ロッキングチェアにすわってゆらゆらゆれていると、うたた寝をしてしまった。ゆれが心地よく、船に乗っている夢を見た。

意味

ゆっくりと、やわらかくくり返しゆれ動くようす。

ブランコや、風にそよぐ花のように、くり返し、ゆっくりゆるやかにゆれ動くようすを表します。くらげなどが、水の中で不規則にゆれるようすを表現するときにも使われます。

似ているオノマトペ

ゆらり
ゆっくりと大きく、やわらかく、一度ゆれ動くようす。

ぐらぐら

使い方まんが　同じポーズなのに

友だちはダンスを習っているので、どんなポーズもお手のもの。ぼくがまねをしてみたら、バランスがとれずぐらぐらしてしまった。

意味

ものがゆれ動いて、安定しないようす。

ものがいろいろな方向にゆれ動くようすです。気持ちや、しくみが安定しないようすを表すこともあり、「目標がぐらぐらしている」なども使われます。湯がゆれ動くようすから、液体がにたったようすにも使われます（↓68ページ）。

似ているオノマトペ

ぐらぐら
不安定にゆれるようすや、めまいがすることを表現するときに使う。

？クイズ！

□に入るのは、ゆらゆら、ぐらぐらのどちら？

海の底で海草が□とゆれている

答えは123ページ

ぶらぶら

使い方まんが マスコット

前の人のリュックサックに、マスコットがついていた。歩くとぶらぶらゆれて、とてもかわいかった。

意味

ぶら下がってゆれ動くようす。

長さのあるものが、一方のはしを固定され、下にたれるようになることを「ぶら下がる」といいます。「ぶらぶら」は、ぶら下がったものが、空中でゆれ動いているようすを表します。

似ているオノマトペ

ぶらんぶらん
たれ下がって、たよりなくゆれているようす。「ぶらぶら」より、大きいゆれを表す。

他にもある！

ぶらぶらが表すようす

「ぶらぶら」は、他にもこんなようすを表すよ。

何の目的もなくなまけてくらすようす

とくに何をするというわけでもなく、なまけてあそんでくらしたり、気ままにすごしたりすること。だらけた感じがする表現です。

のんびりすごしていたら「ぶらぶらしてないで、何かしなさい」としかられた。

あてもなく時間をかけて歩くようす

目的地を決めずに、のんびり気ままに歩くようす。目的もなくさんぽをするときや、ただ時間をつぶしているようなときに使います。

家にいたらお母さんにしかられたから、近所をぶらぶら。何かいいことないかな〜。

くるくる

使い方まんが　氷上スピン

スケート場へ行くと、友だちは氷の上でくるくる回ってみせた。ぼくは氷の上に立つのがやっとなのに、すごいと思った。

意味

人やものが軽やかに何度も回っているようす。

人やものが軽く小さく回るようすや、小さめで軽いものが回りつづけている状態を表します。止まることなく、何度も回るようすを表す表現です。「紙をくるくる丸める」などのように、ものを棒状に丸めるようすを表すこともあります。

似ているオノマトペ

くるり
人やものがすばやく一度回転すること。

くりくり
ものが軽やかに回るようす。

ぐるぐる

使い方まんが　コーヒーカップ

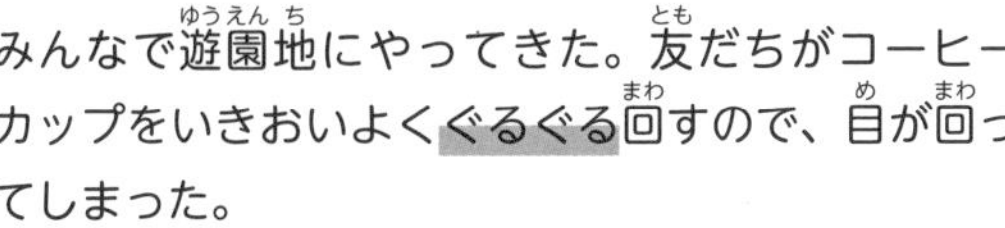

みんなで遊園地にやってきた。友だちがコーヒーカップをいきおいよくぐるぐる回すので、目が回ってしまった。

意味

重みを感じさせながらつづけて回るようす。

「くるくる」と同じように、何度も回りつづけているようすを表しますが、より重く、大きな回り方をふくんでいます。「店のまわりをぐるぐる歩き回った」などのように、目的地をさがして広い範囲を歩き回ることを表すこともあります。

似ているオノマトペ

ぐるん
はずみをつけて、一度大きく回るようす。

?クイズ!

□に入るのは、くるくる、ぐるぐるのどちら?

りすが□と回し車を回している

答えは123ページ

オノマトペカードを作ろう

気に入ったオノマトペ、使いたいオノマトペを選んでカードにしてみましょう。

作り方

1 すきなオノマトペを選ぼう

この本を読んで、気に入ったオノマトペを書きとめておくといいでしょう。

2 意味を調べよう

この本や国語辞典などで、オノマトペをかくにんします。

3 使い方を考えよう

この本のまんがなどを参考にして、どんな場面で使われるかを考えましょう。

4 カードにまとめよう

左ページのようにカードに書きこみます。カードのひな形はこの本の最後にあります。

タブレットやパソコンでも作れるよ

このQRコードから、カードのPDFがダウンロードできるよ。そのデータを使って、タブレットやパソコンでまとめてもいいね。

カードを作ったら

●みんなで発表しよう

作ったカードを順番に読み上げます。みんなはどんなオノマトペを選んだでしょうか。使い方もよく聞きましょう。

●かるたにしてみよう

カードのうらにオノマトペのはじめの文字と絵をかいて、取りふだにします。読み手がオノマトペを読み上げて、合うふだをとります。ふだをとった人は、表の意味を読み上げます。やり方は121ページにものっています。

●カードを集めて本にしよう

みんなのカードをまとめて「オノマトペブック」を作ってみましょう。1巻118ページに作り方がのっています。

友だちの発表を聞いたら、似た意味のオノマトペが見つかるかも！

カードの書き方の例

【使い方を入れたカード】

オノマトペ

ぱくぱく

意味 大きな口を開けて、おいしそうに次々食べるようす。

使い方 「おいしいね」と言いながら、お父さんじまんの手作りカレーを、妹といっしょにぱくぱく食べた。

使い方のほかに、感想や似た意味のことばを入れてもいいね

【絵と感想を入れたカード】

オノマトペ

どきっ

意味 急なおどろきやおそれ、よろこびなどで、むねが高鳴るようす。

感想

おどろくと、たしかに心臓が波うって「どきっ」という音が聞こえる気がする。

絵は、うらにかいてかるたにしてもいいね

【まんがと使い方を入れたカード】

オノマトペ

ころころ

意味 丸いものや小さいものなどが転がっていくようす。またその音。

使い方

貯金箱をひっくり返したら、お金がころころと転がっていった。

この本のように、オノマトペの使い方をまんがにしてみよう！

どんな音？世界のオノマトペ

同じ動作の音でも、国によって表し方がちがうよ。ドアをたたく音とくしゃみの音を表す、いろいろな国のオノマトペを紹介するよ！

ドアをたたく音

日本語
とんとん

英語
ノックノック

フランス語
スペイン語
トクトク

中国語
ドンドン

ロシア語
トゥクトゥク

タイ語
コックコック

韓国語
トクトク

下に「ク」がつく国が多いね！

くしゃみの音

日本語
はくしょん

英語
アッチュー

フランス語
アッチューム

中国語
アーティ

スペイン語
アチース

タイ語
ハッチョーイ

韓国語
エイチュィッ

ロシア語
アープチッ

日本と似ているものもあるね

3 どんな感じ？どんなようす？

ぴかぴか、ふわふわ、ぴったり……。ようすを表すオノマトペには、みんなも一度は使ったことがあるものがたくさんありそう！

かがやいているよ

どんなふうに？

きらきら

意味

美しく光りかがやいているようす。

とくに、星や日光、宝石、目などが、かがやいているときによく使われます。「きら」には、かがやくという意味があり、きらめく、きらびやか、といったことばのもとになっています。

似ているオノマトペ

ぎらぎら

どぎついほど、強く光りかがやくようす。きらきらよりも、光り方が強い。

使い方まんが おねだり

新しいワンピースを買ってほしくて、目をきらきらさせてお母さんを見つめてみたけど、あっけなくことわられてしまった。

使い方まんが ● きれいになった！

料理のあと、いつも使っているキッチンを念入りにおそうじ。スポンジでみがくとシンクにつやが出て、ぴかぴかになった。

ぴかぴか

意味

①点滅していたり、つやが出て光っているようす。
②まぶしく感じられるようす。

「ライトがぴかぴかする」のように、光がついたり消えたりしているようすや、角度をかえながら見ると、つやのあるものが光を反射してかがやくようすを表します。

似ているオノマトペ

ちかちか
強い光が目をしげきするようすや、光が点滅するようす。ぴかぴかよりも、小さくするどい光り方。

？クイズ！
□に入るのは、きらきら、ぴかぴかのどちら？
波が□とかがやいている
答えは123ページ

どんなふうに？

つるつる

使い方まんが　ゆでたまご

ゆでたまごは表面がつるつるしているので、からをむくときはしんちょうに持たないとすべって落としてしまいそうだ。

意味

表面がなめらかでよくすべるようす。

ものの表面がなめらかで、つやがあるようすや、すべりやすい状態のこと。「こおった道はつるつるしてあぶない」というように使われます。引っかからずになめらかに動くようすをいうこともあります。

似ているオノマトペ

つやつや
なめらかで光を反射させてかがやいているようす。

つるん
表面がなめらかですべってしまうこと。それほどつやがあること。

すべすべ

使い方まんが　赤ちゃん

親せきの赤ちゃんのほおにふれると、すべすべしていてとてもやわらかかった。まるでだいふくみたいで、とてもかわいい！

意味

手ざわりや見た目がなめらかで、ざらつきがないようす。

あるものの表面の手ざわりがなめらかで、心地よく、引っかかりがないようすを表します。しめり気がなく、さらっとしたものについて使います。漢字では「滑滑」と書き、すべることを意味する「滑」という字をつづけて書きます。

似ているオノマトペ

さらさら
ねばり気やしめり気がなく、なめらかなようす。

クイズ！

□に入るのは、つるつる、すべすべのどちら？

地面がこおって□になった

答えは124ページ

どんなふうに？

ふわふわ

使い方まんが　あらいたてのタオル

あらったばかりのタオルはふわふわとはだざわりがよく、さらにいいにおいもするので、使っていてとても気持ちいい。

意味

ふくらんでやわらかなようす。

空気をふくんで、押してもはねかえってこないほどやわらかなようすです。さわった感じだけでなく、「ふわふわとした雲」「ふわふわとしたケーキ」など、見たり、口に入れたりしたときの感じを表すこともできます。

似ているオノマトペ

ふかふか

ふくらんでやわらかだが、「ふわふわ」よりも、はねかえす力がある場合に使う。

もふもふ

使い方まんが　もふもふパラダイス

寝転んでいると、ペットのねこが体の上にのってきた。２匹とも毛なみがもふもふしていてやわらかく、気持ちがいい。

意味

動物の毛がたっぷりはえていて、やわらかく、さわり心地がいいようす。

うさぎやねこなど、やわらかい毛がはえた動物のさわり心地などを表すときに使うことばです。空気をふくんでいて、さわると押し返してくるような感触で、いとしさも表します。新しく使われるようになったことばです。

似ているオノマトペ

もこもこ
厚みがあり、やわらかくふくらんでいるようす。「もふもふ」よりもかたい感じを表す。

？クイズ！
□に入るのは、ふわふわ、もふもふのどちら？
□のわたがし

答えは124ページ

かさかさ

使い方まんが　かんそう注意！

冬になると、手がかんそうしてかさかさになってしまう。こまめにハンドクリームをぬって、ほしつしなくちゃ！

意味

もののの水分がぬけてうるおいがないようす。また、それがこすれあう音。

水分や油分が少なく、うるおいのないようす、さらにはひからびたようすを表します。かわいていると表面がかたくなり、こすれたときに、かさかさと音が出ます。かれ葉のようにうすくてかたいものや、冬のあれたはだのようすを表すのによく使われる表現です。

反対の意味のオノマトペ

しっとり
軽いしめり気が、全体にいきわたっているようす。

からから

使い方まんが　水をくれ…！

一発ギャグを連続で100個発表したら、さすがにのどがからからになってしまったので、水を飲みに水道へむかった。

意味

ものがすっかりかわききっているようす。

「池がからからにひあがる」などのように、水分がすっかりなくなっているようすを表します。とくに、のどがひどくかわいているときによく使われます。また、入れものに何も入っていない、空っぽの状態を表すこともあります。

反対の意味のオノマトペ

じめじめ

→115ページ

クイズ！

□に入るのは、かさかさ、からからのどっち？

よい天気で、洗たくものが□にかわいた

答えは124ページ

ねばり気があるよ

どんなふうに？

ねばねば

使い方まんが　朝食にはこれ

朝ごはんにはやっぱり
なっとうが欠かせないね
ねばねば

毎日、朝ごはんのときになっとうを食べるようにしている。ねばねばするなっとうには、栄養がたくさんあるんだって。

意味

まわりのものにくっつくようなねばり気があるようす。

ねばり気があり、はなれたり、切れたりしにくいようすです。とくに、なっとうなど、糸をひくようなねばり気があるものに使います。漢字では「粘粘」と書き、ねばりを意味する「粘」という字をつづけて書きます。

似ているオノマトペ

べたべた
水っぽいものが不快な感じでくっつくこと。

ねちねち
ねばり気の強いものがくっつくようす。

ぬるぬる

使い方まんが　どじょうつかみ

どじょうの表面はとてもぬるぬるしている。どじょうつかみ大会では、すべってしまってうまくつかめなかった。

意味

ねばり気のある液体などでおおわれて、すべりやすいようす。

ものの表面がねばり気のある液体におおわれていて、つかもうとしてもすべって動いてしまうようすを表すときに使います。手でつかみにくいようす、ぬるりと手からはなれていく感じを強調した表現です。

似ているオノマトペ

ぬめぬめ
表面がなめらかで水っぽく、すべりやすそうなようす。

クイズ！

□に入るのは、**ねば**、**ぬる**、**ぬるぬる**のどちら？

まぜると□と糸をひいた

答えは124ページ

オノマトペミニストーリー 3

林間学校でハイキング

オノマトペがたくさん出てくるお話だよ。

上のほうから歓声が聞こえる。みんなはもう、頂上に着いたみたいだ。

「リョウ、おくれてるよー」

カイがよんでいる。わかってるけど追いつけないんだ。あせが**たらり**とほおを伝って落ちる。オレって、こんなに体力なかったっけ？

昨日から林間学校が始まった。今日は小山までハイキングだ。

くねくねした坂道は**ごつごつ**の岩だらけで歩きにくい。でもみんなに追いつきたいから、何とかがんばってのぼっていく。

数分後、やっと頂上に着いた。頂上には小さなたきがあり、わき水が流れている。整備された水飲み場もある。

「おいしいよ」

水飲み場で、サアヤが口元をぬぐっているので、ぼくもひと口。

「わわ！　うまい！」

つめたい水が、のどを通っていく。こんなおいしい水は初めてだ！

やさしい風がふき、まわりの木々の葉っぱが**さやさや**ゆれる。ああ、

出てくるオノマトペ

たらり
液体が、ひとしずくたれるようす。

くねくね
ゆるやかに何度も曲がっているようす。

ごつごつ
かたく角ばっているようす。

さやさや
草木がさわやかな風にゆれるようす。その音。

なみなみ
液体があふれそうなほどいっぱい入っているようす。

あせが引いていく。せっかくだから、もっと飲みたいな。ぼくは、ちょうどからになった水とうに、わき水を**なみなみ**と入れた。

「重くない？」

「平気さ」

ミオには強がって答えたが、たしかに重いぞ。

帰りは別の道を下っていく。石で組まれた**ジグザグ**の下り坂を、足に力を入れて一歩一歩ふみしめながらおりていく。なのに、**ずるっ**とすべりそうになる。上から水が**ちょろちょろ**と流れてきていたんだ。思っていたより、下りも楽じゃなさそうだ。水とうの水を飲んで、気合いを入れ直す。

空がくもって、風が強まってきた。葉っぱが**ざわざわ**いっている。いきなり**ばさっ**と木の枝が落ちてきた。あぶない！ ぼくはすかさず、片手で木の枝をふりはらった。まんざいのツッコミの動きの練習が役に立ったぞ。

下山したときには、くたびれはてて、足がぼうのよう。でも横にいるサアヤは元気そうだ。ダンスで足がきたえられているんだなあ。そう思いながら、水とうに残っていた水を飲みほす。サアヤと目が合った。いやな予感……。

「いいなあ、わたしもわき水持ってくればよかった。先生！ 明日もハイキングしたいでーす！」

サアヤのその声をきいて、ぼくは**おろおろ**するしかなかった。

ジグザグ
直線が何度も折れ曲がるようす。

ずるっ
力強く一気にすべるようす。

ちょろちょろ
少しの液体が流れる音とようす。

ざわざわ
葉や枝がふれ合ってたてる、やや大きい音。そのようす。

ばさっ
面積のあるものが落ちたり、たおれたりする音。そのようす。

おろおろ
どうしたらいいかわからず、あわてているようす。

山で
耳をすますと
いろいろな音が
聞こえるね

オノマトペ ミニストーリー 4

海水浴で大はしゃぎ！

オノマトペがたくさん出てくるお話だよ。

みんみんとセミが鳴いている。今日は夏休みの三日目。ミオは、カイ、リョウ、サアヤ、そしてサアヤのお父さんと海水浴にやってきた。

（本当はいやだったのだけど）

ミオは思う。日焼けがいやだし、水着もはずかしい。でも、海水浴場まで電車で行くと聞いて、にわかに行く気になったのだ。

海の波が、太陽の光を反射してきらめいている。

「ひゃっほーー！」

リョウは**めちゃくちゃ**テンションが上がっている。**せかせか**と服をぬぎすてて、さっそく海に入っていく。

そんなすがたを見ながら、ミオははだしになって、すなの上に立つ。すなのあつさに内心おどろきながら、波打ちぎわまで行ってみる。足に海水がかかる。

「わ！　けっこうつめたい！」

出てくるオノマトペ

みんみん
せみの鳴く声。

めちゃくちゃ
なみはずれているようす。

せかせか
あわてていて、落ち着きのないようす。

おずおず
こわさや緊張でためらうようす。おそるおそる動くようす。

ざっぱーん
水中にいきおいよく飛びこむ音や、大量の水を一度にかける音。

となりではカイが、**おずおず**と海に片足をつけている。そんなカイに、リョウが海の中からいきおいよく水をかけた。カイはびしょぬれだ。

「リョウ！　やったな！」

ぬれたTシャツをぬぎ、カイも海に飛びこんだ。

「私たちも行こうか！」

ミオとサアヤも、リョウとカイのほうへかけていく。そのとき……。

ざっぱーん！

とつぜん、大きな音とはげしい水しぶきが上がった。

何ごとかと四人がふり返ると、次の瞬間、**ぷはーっ**と水を吹き上げながら、サアヤのお父さんが水の中から顔を出した。サアヤのお父さんって、意外とおちゃめな人なのかもしれない。

海からあがると、体中**べたべた**。足のうらは、すなで**ざらざら**だ。

四人は海の家で、シャワーをあびて**さっぱり**して家路についた。

帰りの電車では、電車ずきのミオとサアヤのお父さん以外はみんなねむってしまった。ミオはリョウがねむりながらわらっているのに気がついた。

（夢の中でもふざけてるのかな）

そう思いながら、ミオも**うとうと**しはじめたのだった。

ぷはーっ
いきおいよく息をはく音。

べたべた
↓88ページ

ざらざら
細かいつぶ状のものが引っかかり、なめらかでないようす。

さっぱり
気持ちが晴れやかになるようす。清潔なようす。

うとうと
ねむけがさしているようすや、あさくねむるようす。

みんなも
オノマトペを
使った文章を
書いてみてね！

転がっているよ

どんなふうに？

ころころ

使い方まんが　おにぎりが…

丘の上でピクニックをしていたら、おにぎりがころころ転がっていってしまった。しゃめんが急なので、追いつくのも一苦労だ。

意味

丸いものや小さいものなどが転がっていくようす。またその音。

小さなボールやコイン、びんのふたなど丸くて小さいものが、いきおいよく転がっていくようすを表します。とくに、軽いものが転がる音として使われることが多く、軽やかさを感じることばです。

似ているオノマトペ

ころん
軽くはずみをつけて一度転がるようす。「人形がころんとたおれた」など小さいものがたおれたようす。

ごろごろ

使い方まんが かぼちゃが…！

かぼちゃパイを作るために用意したかぼちゃを落としてしまった。かぼちゃはごろごろとキッチンを転がった。

意味

重くて大きいものなどが転がっていくようす。またその音。

「岩がごろごろ転がってきた」のように、大きくて、重さのあるものが転がっていくようすを表します。「ころころ」よりもなめらかさがありません。車輪のように、大きい円状のものが回るようすにも使えます。

似ているオノマトペ

ごろん

重いものが大きくはずみをつけて一度転がるようすや、人が横たわるようす。

？クイズ！

□に入るのは、**ころころ**、**ごろごろ**のどちら？

運動会で、大玉を□転がした

答えは124ページ

他にもある！

「ころころ」が表すようす

94ページで紹介した「ころころ」は、他にもこんなようすを表すよ。

まるまるとしてかわいらしいようす

しんせきの赤ちゃんは、ころころしていてとてもかわいい。

まるいようすや、ほほえましいほどまるまると太っているようすを「ころころ」と表すことがあります。転がりそうにまるいということです。

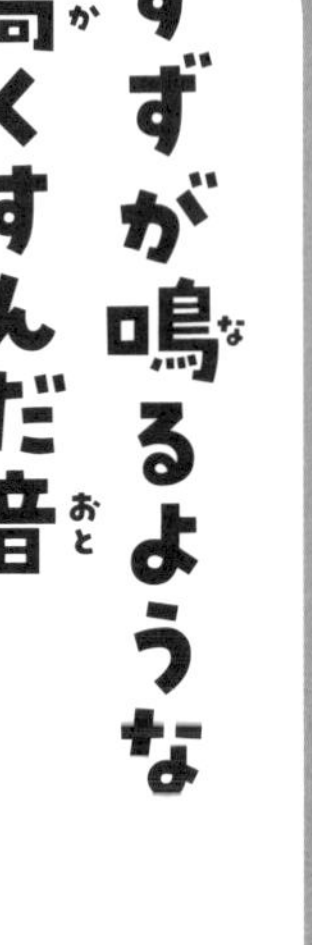

すずが鳴るような高くすんだ音

ころころ音の鳴るすずのおもちゃがすきで、いつもにぎりしめている。

すずの音や、明るいわらい声などの高くすんだ音を表すこともあります。「女の子はころころとわらった」のように使うと、ほがらかで明るいわらい方を表せます。

ものがかんたんにたおれるようす

歩きはじめたら、ころころとよく転ぶので、目がはなせない。

ものや人が何度も軽く転んだり、たおれたりするようすを表すこともできます。「ころりころり」といっても、同じようなようすを表すことができます。

ようすが次々とかわっていくようす

ころころと変わる表情に、みんなが夢中になっている。

状況や態度、考え方が次々と変化していくことも、「ころころ」と表現できます。転がると上と下がぎゃくになりますが、そんなふうにようすが次々とかわることをいっています。

他にもある！

ごろごろが表すようす

95ページで紹介した「ごろごろ」は、他にもこんなようすを表すよ。

何もしないでひまをもてあましているようす

勉強や仕事などをせずに、あるいはすることがなくて、何もせずにすごすこと。だらけて、寝転がってすごすようす。

ぼくはたまに、何もしないでごろごろすごす。

あちこちにものが転がっているようす

大きめのものが、いくつもその場に転がっているようすです。転がしておいたように、まとまりなくあるようす。

部屋には置きっぱなしのものがごろごろしていたけど、今日は気にしないよ。

ねこがよろこんでのどを鳴らす音

ねこはなでられるなどして、気持ちいいときやきげんのいいときに、のどを鳴らします。その音やそれに似た音を表します。

起きてきたねこをなでたら、ごろごろとよろこんだ。ぼくも幸せだ。

かみなりの音

かみなりがとどろく音を表します。また、おなかがすいていたり、いたかったりするときの、低く鳴りひびく音にも使われます。

とつぜん、ごろごろとかみなりが鳴った。こんな日は家にいるのが一番だ。

ちょうどいいよ

どんなふうに？

ぴったり

意味

すき間なくくっつくようす。また、ものごとがよく合うようす。

少しもずれたり、あまったりすることなく、よく合うようす。大きさや形など、見てわかるものだけでなく、人と人や、人と役割などがうまく組み合わさることも表すことができます。ものとものがはりつくようすにも使うことがあります。

似ているオノマトペ

きっちり

すきまなく接していたり、位置が正しいようす。時間や量にくるいがないようす。

使い方まんが　ジグソーパズル

ジグソーパズルに苦戦していたが、ようやくすべてのピースをうめることができた。ピースがぴったり合った瞬間は気持ちいい。

他にもある！

ぴったりが表すようす

「ぴったり」は、他にもこんなようすを表すよ。

身につけるものがよく合っているようす

あなたにぴったりとほめられた、新しいリュックサックで出かけるよ。

洋服など、身につけるものがその人に似合っていたり、サイズが合っていたりするときによく使います。

時間などにくるいがないようす

時間ぴったりに電車がえきについた。

「待ち合わせの時間ぴったりに到着した」のように、時間に正確であることや、「十時ぴったり」など、きりのいい時間のことをいうこともあります。

どんなふうに？

たっぷり

使い方まんが にんにくラーメン

人気メニューの「にんにくラーメン」を注文した。名前のとおり、にんにくがたっぷりかかっていておいしそう！

意味

満ちあふれるほどの量があるようす。

「花に水をたっぷりやる」のように、ただ「多い」だけでなく「あふれるほど十分」にあるようすをいいます。「自信たっぷり」「時間はたっぷりある」などのように、目に見えるもの以外の量も表します。液体にも使います。

反対の意味のオノマトペ

ちょっぴり

量がとても少ないようす。「ちょっぴりさびしい」のように、ものごとのていどについても使う。

どっさり

使い方まんが　野菜のしゅうかく

家庭菜園で、野菜がどっさりとれた。庭の小さな畑でこんなにしゅうかくできると思わなかったのでびっくりした。

意味

量が多く、たくさんあるようす。

量がたくさんあることを強調していうことばです。量だけでなく重さも感じさせます。「荷物がどっさりある」「宿題がどっさり出た」のように、多いことをやっかいに感じるときにも使うことがあります。液体には使わない表現です。

似ているオノマトペ

どっしり
ひどく重いようすや、重々しく落ち着いているようす。

クイズ！

□に入るのは、**たっぷり、どっさり**のどちら？

牛乳を□入れる

答えは124ページ

きゅうくつだよ

どんなふうに？

ぎゅうぎゅう

使い方まんが　ねこがいっぱい

わが家のねこはせまいところに入るのが大すき。今日も３匹で小さなベッドに入って、ぎゅうぎゅうづめになっていた。

意味

すき間がないほど、つめこんだりおしこんだりしたようす。

ものをすき間なくつめこむと「ぎゅう」と音がすることがあります。そんな音が鳴りそうなほど、きゅうくつにおしこまれているようすを表します。これ以上入らないようなところに、むりやりつめこんだ状態です。

似ているオノマトペ

ぎちぎち

全くすき間なく、きゅうくつにつまっていること。

ぎっしり

使い方まんが お弁当

今日のお弁当はお父さんの手作り。色とりどりのおかずがぎっしりつまっていておいしそうだ。さっそくいただきます！

意味

すき間なくいっぱいにつまっているようす。

すき間がないほど、中身がいっぱいになっているようすを表すときに使います。ものだけでなく、「夏休みは予定がぎっしりだ」というように、時間内にすべきことがつまっているときにも使える表現です。

似ているオノマトペ

びっしり

たくさんのものがいっぱいに、あるいは一面にすき間なくならんでいるようす。

？クイズ！

□に入るのは、ぎゅうぎゅう、ぎっしりのどちら？

ひきだしに□におしこむ

答えは124ページ

すいているよ

どんなふうに？

がらがら

使い方まんが　おわらいライブ

おわらいライブをかいさいしたが、観客はふたりだけ。会場はがらがらだった。もっとたくさんの人に見てもらえるよう、がんばろう。

意味

中にあるはずのものがほとんどなく、すき間が多いようす。

部屋など区切られた中が、何もなく広いようすを「がらんとしている」といいますが、「がらがら」は、本来あるべきもの、いるべき人がとても少なく、空っぽに近い状態を表します。

反対の意味のオノマトペ

ぎゅうぎゅう
→104ページ

びっしり
→105ページ

すかすか

使い方まんが キャベツの中身

自分の家の畑でとれたキャベツを切ってみたら、中身がすかすかだった！ 原因を調べて、育て方をくふうしてみようと思う。

意味

あちこちにすき間があり、中身がつまっていないようす。

「すかすかのスイカ」などのように、中身がつまっていないようすを表すときに使います。小さいすき間がたくさんあるようすを表します。部屋などの空間に対して、人がまばらにしかいない、すいているようすを表すこともあります。

反対の意味のオノマトペ

ぱんぱん

はちきれそうなくらい、中がつまっているようす。

？クイズ！

□に入るのは、**がらがら**、**すかすか**のどちら？

ピーマンの中は□だ

答えは124ページ

他にもある！

がらがらが表すようす

「がらがら」は、他にもこんなようすを表すよ。

車輪などが回る音

いつも「ただいま！」と言いながら、がらがらと戸を開ける。

車輪や大きい丸いものが回るときにひびく音。引き戸を開けたり、シャッターを開けしめするときの音でもあります。

声がしわがれてにごっているようす

あれ、のどがなんだか、がらがらするよ。

かぜなどで、のどの調子がわるいとき「のどががらがらする」などと使います。また、しわがれている声を「がらがら声」といいます。

ものがくずれたりぶつかったりする重い音

つんであるものがくずれたり、上からものが一度に落ちてきたりするときに出る音です。かたくてやや重みのあるものがぶつかり合ったときに使います。

うがい薬をとろうとしたら、いろいろなものが、がらがらとくずれ落ちてきた。

うがいをするときの音やそのようす

のどに水をためて、息をはいてうがいをするときに出る音です。

がらがらと音をたててうがいをした。かぜが予防できるといいな。

オノマトペミニストーリー 5

接戦のバスケットボール

オノマトペがたくさん出てくるお話だよ。

体育館に、シューズの音が**きゅっきゅっ**とひびいている。試合時間は残りあと一分。点差は二点。

今日はクラス対抗の球技大会の日。ミオ、リョウ、カイ、サアヤのいるチームは、バスケットボールの試合のまっさいちゅうだ。

リョウが相手チームの守りをすっとかわしながら、**ばんばん**と速いドリブルでゴールに近づくが、相手も必死だ。守りがかたくて、シュートはできそうにない。**ちらっ**と目を動かすと、コートのはしのほうでカイが手をあげていた。

（ナイス！）

リョウは、カイのほうを見ないまま、**ひゅん**とボールを投げる。**ばしっ**と受け取ったカイが、すかさずシュート！

「やった！　同点だ！」

残り時間はあと三十秒。次にシュートを決めたほうのチームが勝ち。今、ボールは相手チームのケンタが持っている。まずい。ケンタはバスケットボー

出てくるオノマトペ

きゅっきゅっ
ものが何度もこすれて出る高い音。

ばんばん
→63ページ

ちらっ
→45ページ

ひゅん
とても速く飛んだり走ったりするときの音。

ばしっ
ものが何かに強く当たる音。

ルクラブに所属していて、シュートをほとんどはずさない。あきらめかけた、そのとき。

……**くるくる**っ。

サアヤが、ドリブルをするケンタの前で、とくいのターンを見せつけた。おどろいて、ケンタは立ち止まる。そのすきに、ミオが**ぺちっ**とボールをたたいてうばい、ドリブルして走りだした。あっという間にゴールの前だ！

「シュートだ！」

リョウがさけぶ。

（しっぱいしたらどうしよう……。でも、やるしかない。神様！）

ミオはいのる気持ちでボールを放った。**ぽーん**！　ボールは半円をえがきながら飛んでいき、ネットを通った。

「シュート成功だ！」

「逆転だ！」

試合終了のふえが**ぴーっ**とするどく鳴った。ミオを、サアヤ、リョウ、カイが取りかこむ。みんな笑顔だ。リョウとカイがとびはねながら言う。

「サアヤ、いきなりおどりだしたからびっくりしたよ！」

「だって、なんとかしなきゃって思って……。ミオ、ナイスシュート！」

サアヤに言われたミオは、なみだ目になりながら両手を上にあげた。**ぱんぱん**っと、四人のハイタッチの音が体育館に鳴りひびいた。

くるくる
↓74ページ

ぺちっ
手の平で軽くたたく音。

ぽーん
ものを軽く投げたり打ったりするようす。

ぴーっ
高くすんだふえの音。鳥の声。

ぱんぱん
手をたたいたり、手でものをたたいたりする音。

体育館では
いろいろな音が
聞こえるね

天気にまつわるオノマトペ

たくさんあるね！

天気の表現には、いろいろなオノマトペが使われるよ。晴れのようすや雨や雪のふりかたなど、よく使うことばがたくさんあるよ。

晴れている

さんさん

太陽が明るくかがやいているようす。うつくしさを感じさせる表現。

じりじり

日ざしがやけつくように、強くてりつけるようす。かんかんよりも暑く、日ざしが強い感じ。

かんかん

日ざしが強くてりつけるようす。

ぎらぎら

太陽が強れつに光りかがやくようす。

うらうら

日ざしがおだやかであたたかいようす。とくに春の日ざしについて使う。

雨がふっている

ぱらぱら
小さな雨つぶがまばらに落ちてくるようす。

しとしと
細かな雨が静かにふるようす。

ぽつぽつ
雨つぶが、ひとつひとつ、まばらに落ちてくるようす。ふり始めに使うことが多い。

ばらばら
大つぶの雨やひょうが、急にふってきたようす。

ざんざん
雨がいきおいよく、はげしくふるようす。

ざあざあ
雨がはげしくふるようす。

風がふいている

びゅうびゅう

おされて前に進めないような強い風がふく音や、そのようす。

びゅんびゅん

つづけざまにいきおいよく強い風がふく音や、そのようす。

ぴゅう

少し強い風が、たてもののすき間などをふきぬける音や、そのようす。

ごうごう

強い風が重く鳴りひびく音。

そよそよ

やわらかな風がふきつづけるようす。

雪がふっている

ちらちら

細かな雪が、ゆれ動きながら落ちていくようす。

しんしん

雪がひっそりとふりつづくようす。

こんこん

↓65ページ

気温や湿度

じめじめ

とてもしめっぽくて、いやな感じがするようす。

からり

しめり気がなく、気持ちよくかわいているようす。

ぽかぽか

のどかで気持ちよく、あたたかいようす。

むしむし

しめり気が多くて、むし暑いようす。

アクティビティ

オノマトペどんな場面？ゲーム

オノマトペを使ったゲームだよ。みんなでやってみよう！

どんなゲーム？

ひとりがオノマトペを言って、それがどんな場面かを当てるゲームだよ。

- 人数　ふたり以上
- かかる時間　十分くらい
- 必要なもの　とくになし

ゲームのやり方

1 出題者（問題を出す人）をひとり決め、出題者は、オノマトペをひとつと、そのオノマトペを使う場面を考えます。

2 出題者は、ほかの人の前で、自分が選んだオノマトペを、使う場面にぴったり合うようにえんぎをして言ってみましょう。体は使わずに、声の調子や、顔の表情だけでえんぎをします。

3 見ていた人たちは、それがどんな場面か考えて答えましょう。

問題にしやすいオノマトペの例

- **かさかさ**…ものの水分がぬけてうるおいがないようす。また、それがこすれあう音。
- **がたがた**…こわさや寒さで、歯の根が合わず、はげしくふるえるようす。
- **がらがら**…うがいをする音やそのようす。
- **ぐらぐら**…ものがゆれ動いて、安定しないようす。
- **ごろごろ**…重くて大きいものなどが転がっていくようす。またその音。
- **こんこん**…かたいものを軽くたたいたときの音。またそのようす。
- **さくさく**…野菜など、うすくてかたいものを、つづけて軽くかんだり切ったりするときの音。
- **ちらちら**…遠慮しながら、とぎれとぎれに何度も見るようす。
- **とんとん**…何度もつづけて、軽くたたく音。またそのようす。
- **ぱらぱら**…小さな雨つぶがまばらに落ちてくるようす。
- **ぱんぱん**…手をたたいたり、手でものをたたいたりする音。
- **ぶらぶら**…ぶら下がってゆれ動くようす。

もっと楽しく！

● たくさんの人数であそぶこともできますよ。問題を出す人がえんぎをしたら、のこりの人はそれがどんな場面を表しているか、「せーの」でいっせいに答えます。たくさんの人に当ててもらえるように、えんぎしてみましょう。

みんなでちょうせん！

オノマトペかるたを作ろう

オノマトペで始まる文章のかるたを作ります。できたらみんなで遊びましょう。

1 みんなでオノマトペを割りふろう

まず、ひとりひとり、どのオノマトペでかるたのふだを作るか決めましょう。ほかの人と重ならないように話し合うといいですね。

じゅんびするもの

- 紙（たて10センチよこ5センチくらいの紙を人数×2枚）
- 書くもの

2 読みふだを作ろう

オノマトペを使った短い文を考えます。たとえば、「ちょきちょきはさみで紙を切るよ」のような文章です。オノマトペや、オノマトペの使い方は、この本や国語辞典などで調べましょう。文章が決まったら、読みふだ用の紙に書きます。

文章の例

- **あはは！** 大きな口でわらっている
- **いらいら**する。思うようにいかないな
- **えーん！** 転んで泣いているよ
- **ぎゅうぎゅう**とバックに荷物をつめこんだ
- **こんこん**、静かにドアをノックする
- **しゃきしゃき**おいしい、野菜サラダ
- **そよそよ**、やさしい風が気持ちいい
- **つるつる**だ、すべらないように気をつけて
- **にこにこ**と笑顔のあいさつ、すてきだね
- **はらはら**と散っていく桜がきれいだな
- **ぴかぴか**、一番星が光っている
- **ぺらぺら**と英語がしゃべれるようになりたいな
- **みんみん**、せみが鳴いている
- **もぐもぐ**口を動かして、何を食べているのかな？
- **わくわく**するね、明日からの夏休み

読みふだの例

えーん！
転んで
泣いているよ

はじめの文字は、
かこんだり、
色をかえたりして
目立たせよう。

ぴかぴか
一番星が
光っている

ふだの大きさは
みんなで
そろえよう

3 取りふだを作ろう

取りふだ用の紙に、オノマトペのはじめの文字と、考えた文章に合う絵をかきます。文字は、目立つように囲みましょう。

取りふだの例

文字はかこんで目立たせよう。

かるたの完成！

こんなかるたも作れるよ

内容のテーマを決めて作っても、楽しいかるたができます。どんなテーマがあるか、みんなで考えてみましょう。

テーマの例

■**昔話や物語のかるた**

- ガラスのくつが**ぴったり**だったシンデレラ
- ここほれ**わんわん**、大ばん小ばんが出てきたよ
- **どんぶらこ**、ももから生まれたももたろう

■**学校のかるた**

- おいしい給食を**ぱくぱく**食べた
- 帰ってきたテストの点に**がっくり**だ
- 先生にさされないか、**そわそわ**しちゃう

4 かるたをみんなでやってみよう

かるたのふだができたら、みんなで遊んでみましょう。

1 みんなが作った読みふだを集め、よくまぜます。広い場所に、取りふだを並べます。

2 かるたを読み上げる、読み手を決めます。順番を決めて、こうたいにしてもいいですね。ほかの人は取り手です。

3 読み手が読みふだを読み上げます。取り手の人たちは、読み上げられた文に合う取りふだをさがします。見つけたら、「はい」と言って、取りふだにやさしくタッチします。取りふだを一番多く取った人が勝ちです。

76ページで作ったカードをかるたにすることもできるよ

76ページのように、ひとり一枚、オノマトペカードを書きます。カードのうらに、120ページのようにオノマトペのはじめの文字と絵をかいて取りふだにします。読みふだは、カードに書いたオノマトペを別の紙に書き出して作ります。

やり方

1. 取りふだ（オノマトペカード）をうらにして並べます。
2. ひとりが読みふだを読んで、ほかの人が取りふだを取ります。取りふだを取ったら、表を見て、オノマトペの意味や使い方の文を読み上げます。

絵といっしょにオノマトペをかいてもいいね

やってみよう！

オノマトペ線つなぎ

上のオノマトペが表すようすに合うせりふを下から選んで線でつなごう！

答えは124ページ

① ぴかぴか

② ぺちゃくちゃ

③ ころころ

④ ざあざあ

・あっ、消しゴムが転がっていく。

・あそこのふたり、話がもり上がっているな。

・うわ、雨がはげしくなってきた！

・ランドセルをみがいたら、新品みたいにきれいになった！

クイズの答え

11ページ
おばあちゃんはいつも**にこにこ**とやさしくわらっている

15ページ
転んだ友だちが大きな声で**えーん**と泣いている

17ページ
遊びに行けなくなった弟は**ぷんぷん**むくれている

21ページ
弱点を言い当てられて**どきっ**とした

23ページ
すぎたことを**くよくよ**となやんでもしかたない

27ページ
期待をうらぎられて**がっかり**した

31ページ
奥歯が**ずきずき**とひびくようにいたむ

33ページ
友だちの大きすぎるべんとうを見て**あんぐり**と口が開いてしまった

35ページ
なかなか言い出せなくて**もじもじ**してしまった

41ページ
目的の店は少し遠いけど、**てくてく**歩いていくよ

45ページ
横目で**ちらちら**ようすをうかがう

47ページ
ひそひそとうわさ話をする

51ページ
うさぎのように**ぴょんぴょん**とびはねる

53ページ
こねこが**すやすや**と幸せそうに寝ている

57ページ
おいしくて**ぱくぱく**と口に入れた

59ページ
父が牛乳を**ごくごく**のどを鳴らしながら飲んでいる

61ページ
ほうちょうで野菜を**ざくざく**切る

63ページ
小さい子がだだをこねて足を**どんどん**とふみ鳴らした

71ページ
海の底で海草が**ゆらゆら**とゆれている

75ページ
りすが**くるくる**と回し車を回している

81ページ
波が**きらきら**とかがやいている

83ページ 地面がこおって つるつる になった

85ページ ふわふわ のわたがし

87ページ よい天気で、洗たくものが からから に かわいた

89ページ まぜると ねばねば と糸をひいた

95ページ 運動会で、大玉を ごろごろ 転がした

103ページ 牛乳を たっぷり 入れる

105ページ ひきだしに ぎゅうぎゅう におしこむ

107ページ ピーマンの中は すかすか だ

36ページ

正しい使い方はどっち？

- ■がーん／ア
- ■がらがら／イ
- ■ぴったり／ア
- ■ぶらぶら／イ

122ページ

オノマトペ線つなぎ

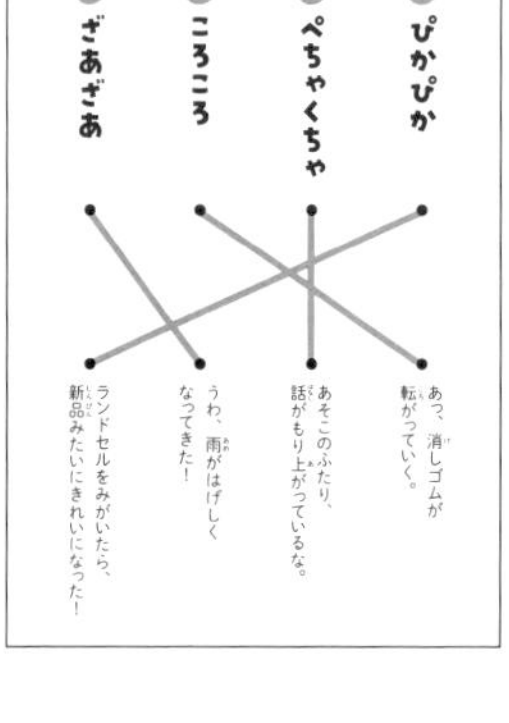

①ぴかぴか
②ぺちゃくちゃ
③ころころ
④ざあざあ
あっ、消しゴムが転がっていく。
あそこのふたり、話がもり上がっているな。
うわ、雨がはげしくなってきた！
ランドセルをみがいたら、新品みたいにきれいになった！

表紙うら

オノマトペを当てはめよう！

①	②	③	④	⑤	⑥	⑦
ウ	キ	ア	オ	エ	イ	カ

どれくらいとけたかな？

さくいん

この本で、大きく取り上げていることばは太字になっています。

あ

か

監修　森山　卓郎　もりやま　たくろう

早稲田大学文学学術院教授、京都教育大学名誉教授。国語教科書編集委員、日本語学会理事。前日本語文法学会会長。著書に『コミュニケーションの日本語』『日本語の〈書き〉方』（ともに岩波ジュニア新書）、監修に『旺文社標準国語辞典』（旺文社）、『光村の国語　場面でわかる！ことわざ・慣用句・四字熟語の使い分け［全3巻］』（光村教育図書）など多数。

デザイン	山口秀昭（Studio Flavor）
漫画イラスト	みずうちさとみ
執筆協力	入澤宣幸
DTP	有限会社ゼスト
校正	藏本泰夫
編集	株式会社スリーシーズン（奈田和子、松下郁美、渡邉光里）

めざせ！　ことば名人　使い方90連発！ 5

オノマトペ

発行　2022年4月　第1刷

監　修　森山卓郎
発行者　千葉　均
編　集　片岡陽子
発行所　株式会社ポプラ社
〒102-8519　東京都千代田区麹町4-2-6
ホームページ　www.poplar.co.jp（ポプラ社）
kodomottolab.poplar.co.jp（こどもっとラボ）
印刷・製本　図書印刷株式会社

ISBN978-4-591-17298-8
N.D.C.814　128p　23cm

P7232005

めざせ！ことば名人 使い方90連発！

全5巻

監修 森山卓郎（早稲田大学教授）

1. ことわざ　まんがイラスト 徳永明子
2. 故事成語　まんがイラスト WOODY
3. 慣用句　まんがイラスト 野田節美
4. 四字熟語　まんがイラスト オブチミホ
5. オノマトペ　まんがイラスト みずうちさとみ

小学校中～高学年向き
N.D.C.814　各128ページ　菊判　2色
図書館用特別堅牢製本図書